LE BALET

DE LA PAIX.

Dancé en presence

DE

Monseigneur le President

DE BORDEAUX

Ambassadeur Extraordinaire

DU

ROY DE FRANCE

EN

ANGLETERRE.

MDCLX.

LE BALET
DE LA PAIX.

A

Monseigneur le Président de BORDEAUX
Ambassadeur Extraordinaire du ROY
de *France* en *Angleterre*.

Monseigneur,

A Joye que voſtre Excellence fait paroiſtre aujourdhuy auec tant d'eſclat & de ſi juſtes motifs que tous les François y doiuent applaudir, & particulierement ceux que V. E. a ſi long temps proteges dans ſe pays eſtranger. Elle à tousjours teſmoigné tant de zéle pour le ſeruice du Roy—La Paix d'Angleterre a ſi fort contribué à celle d'Eſpagne, & V. E. doit tenir un rang ſi Eminent auprés de la Reyne future qu'il ne ſe peut faire que cet heureux euenement de l'alliance des deux Couronnes n'excite dans Voſtre cœur des mouuemens Extraordinaires,

A 2

Nous

Nous sçauons auffy, Monſeigneur en quelle admiration vous eſtes jcy. Et qu'aymant Cette belle nation dont vous auez tant reçeu de Ciuilités, Vous eſtes bien aiſe de luy donner en toutes rencontres des marques de voſtre eſtime & de voſtre complaiſance, ſi bien. Monſeigneur que nous conformant à vos ſentimens nous venons ayder à les expri-mer d'une maniere proportionée à nos forces & à l'uſage re-ceu dans ces ſortes de resjouiſſances publiques, Nous vou-drions bien Monſeigneur auoir aſſes d'adreſſe ou de bon-heur pour meriter l'approbation de cette Illuſtre & belle Compagnie qui doibt prendre part à voſtre divertiſſement, Mais noſtre plus grande Ambition ſeroit de plaire à voſtre Excellence, & de Luy fair agreer le zele & le reſpeÊt avec lequel nous ſommes ,

Monſeigneur

De V. Ex^cc.

Les tres humbles & tres
obeiſſans ſerviteurs

M. D. G. J. L. P. M. J.
V. L. F. Y.

Preſts de Leuer le Maſque
ſi V. E. le commande.

Deſſein du BALET.

APres un Triot qui ſert de prelude Mercure entre pour annoncer le deſſein du Ballet qui eſt que des Franſois & des Eſpagnols brouilles par la Diſcorde viennent aux mains avec tant d'animoſité que la Nuict & L'hyuer ont peine à les ſeparer juſqu'a ce que L'amour Meinant apres ſoy L'hymen & la paix reunit ces genereux ennemis & ſe resjouit avec ceux d'une ſi heureuſe alliance.

PREMIERE ENTRE'E.

MERCURE annonçant le deſſein du BALET.

HUmains, Dont l'eſprit curieux
N'ayme que les choſes nouvelles
Silence; en voicy des plus belles
de la bouche meſme des Dieux.

Mercure preſente le deſſein du Balet à ſon Excellence & en jette pluſieurs coppies parmy l'aſſemblée.

A 3

Vous

Vous pourres en entretenir
& Vos yeux & voftre penfée
Car c'eft une chofe paffée
Que vous alles voir revenir.
S S
S

Le François & le Caftillan
D'ont l'humeur affes mal s'accorde
Enfin aigris par la difcorde
Se vont entrepercer le flan.
S S
S

La Nuict & L'Hyuer font effort
De donner tréue a leur colere
Mais rien ne peut les fatisfaire
Que le fer, le fang & la mort :
S S
S

Quand l'Amour touché de pitié
Et fuivy d'Hymen & d'Aftrée
par une alliance jurée
Change leur hayne en amitié.
S S
S

Vivez, humains, vivez heureux
Cherchez la paix fuyez la Guerre,
Un Dieu vous dit que fur la Terre
Il n'eft rien de fi doux q'un acccord amoureux.
S S
S

Seconde

SECONDE ENTRE'E.
LES FRANCOIS
aux Dames.

N*E's pour la Guerre et pour l'amour*
Ardens a secourir l'innocence opprimée,
*L'esté * nous trouue dans l'armée*
Et l'hyuer dans le bal a vous faire la Cour.

§ §
§

Ainsy les plus fameux Guerriers
Apres avoir gaignê le prix de la victoire,
Ont tousjours fait toutte leur gloire
De porter a vos pieds leurs cœurs et leur lauriers.

§ §
§ §
§

* Cest un espece de proverbe en Angleterre.
French, *The summer fighting, the winter dancing.*
Les Francois se batl'esté & dance l'hyuer.

TROISIEME ENTRE'E.
Les ESPAGNOLS se Joignans aux Francois.

Nos tanbien peleamos
por la honra y por amor
y lo que mas desseamos
es de entrambos el loor.

s

En armas y en hazañas
bien parece el valor
En bayles, toros y cañas
Linda seña de amor.

rest proprement en Espagne la dance auec les castagnetes qui paroist icy.

S

Qua-

QUATRIEME ENTRE'E.

LA DISCORDE.

JE ne viens point icy pour semer des querelles
  parmy tant de Diuinites
Et si le vieux Pelée en avoit eu de telles
  J'eusse respecté leurs beautés.

  S

Aussy bien quel Paris oseroit entreprendre
  D'en faire quelque Jugement
Et s'il estoit François se pourroit il defendre
  d'en aymer Cent esgalement.

  S

Trois avec moins d'appas si fort l'embarasserent
  qu'apeyne il sçeut donner le prix
Et si vous luy monstriez ce quelles luy monstrerent
  De grace; ou seroient ses esprits.

  S

Vivez donc en repos, vous estes toutes belles,
  que chacune ayt ses favoris
Et s'il faut picoter ou faire des querelles
  que ce soit avec les maris.

  S

Cinquiesme

CINQUIESME ENTRE'E.

LA NUICT.

Favorable *aux amans heureux*
Confidente des miserables
J'ayme a faciliter les esbats amoureux;
Mais je hays fort ces Combats effroyables
Ou la fureur d'un seul en un seul jour destruit
Ce que l'amour de mille a fait en une Nuict.

Jeunes beautés, jeunes galans
Qui brusles d'une mesme flame,
Lors que vous sentires ces acces violens
Qui ruinent le corps & l'ame
J'offre a vos feux ardens, (s'ils craignent la clarté)
Le silence & l'obscurité.

SIXIESME ENTRE'E.

L'HYUER.

Ha; *que mes Membres sont pesans*
Qu'il est fascheux d'avoir grand nombre d'ans
Qu'un tel aage est mal propre aux plaisirs de la vie
Qu'il seroit doux de se voir rájeunir,
Mais les beaux jours passes ne peuvent revenir,
Et ne laissent du leur qu'une impuissante envie.

B   Ces

Ces braves ne sont ilz pas fous
D'aller pour rien blanchir parmy les coups
Que les Iris ont tort de faire les cruelles
Braves, songes a viure plus contens
Vous Iris jouisses des douçeurs du printemps
De peur q'un autre hyuer ne vous trouve moins belles.

S   S
S.

SEPTIESME ENTRE'E.

Les ESPAGNOLS reuenans en habit
Guerrier pour recommancer le Combat.

Eria la pelea mas peligrosa
A tan amantes Enemigos.
Si por amigos y testigos.
No tenian * gente tan hermoza.

* L'Angleterre

ϙ   ϙ
ϙ

HUICTIESME ENTRE'E.

Les FRANCOIS aussy en habit
Guerrier les Joignans.

Visque tant de beaux yeux nous doiuent animer
La victoire entre nous ne peut estre incertaine,
Et pour nous recognoistre auecque moins de
peine
C'est nostre mot ; Bien battre & bien aymer.

S   S
S

Neufiesme

NEUFIESME ENTREE.
L'AMOUR.

Ve Mars face place a l'amour
Que sa fureur cede a mes charmes.
Il est temps qu'a mon tour
Je face un peu sentir la force de mes armes
Quoy ; si les Dieux n'ont pu me resister
Les Roys & leurs subjects l'oseroient ilz tenter.

DIXIESME ENTREE.
L'HYMEN.

E ne suis plus set Hymen si severe
Qui ne pouvoit souffrir l'amant ;
Mais quand quelq'un voudra se satisfaire
Qu'il le face secretement.
Sur tout je veux qu'en amour conjugale
La liberté desormais soit Esgale.

Cette loy semble aussy juste que commode pour les femmes.

ONZIESME ENTREE.
LA PAIX.

Pres une fort longue absense
Enfin me voicy de retour
Et l'Amour & l'Hymen me rameinent en   France
Mais je veux a mon tour

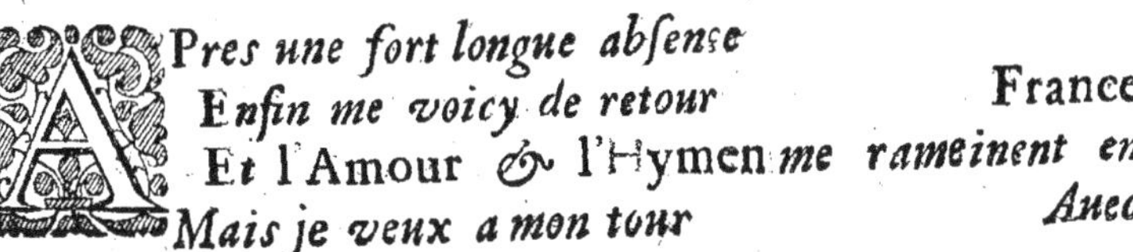

Auec

Auec la joye & l'abondance
Y rameiner par tout & l'Hymen & l'Amour.

S S S
S

DOUZIESME & derniere ENTREE.
L'Amour, l'Hymen, la Paix, la Nuict, les Francois & les Espagnols.

HEureux Amour *que l'Hymen accompagne*
   Que la paix suit;
O jour heureux a la France, *a l'*Espagne :
   Heureuse Nuict
   Qui promet a nos vœux le gage desirable
D'une amitié constante, & d'une paix durable.

A M E N.

Omnia tempus habent
Et
Dulce est desipere in loco :
Ou
Comme un Galant homme a fort bien tourné;

Crois moy : la seuere raison
Est quelques fois hors de saison.